はじめに

　原則フルハーネス型とする改正労働安全衛生規則が 201、＿＿月 1 日に施行され、一部の猶予期間経過後の 2022 年 1 月 2 日から全面適用されました。

　しかし、新規格のフルハーネス型と胴ベルト型の生産が間に合わず、現場では入手が困難な状態が続いています。

　このため、規格外の外国製やインターネットに出品された旧規格の本来なら廃棄品のものが現場で発見されているようです。

　この規格外品着用は、本来はフルハーネス型等の使用義務のない者の現場入場時のパスポート代用品としてなら、好ましくはないものの違反ではないです。

　しかし、使用義務のある「自分の命を守る」ものであれば、違反であり絶対に使用してはならないはずです。

　2019 年から 2020 年にかけて、オリンピック関連工事のために来日したギリシャ人やウクライナ人等 160 名が持参したフルハーネスを見る機会がありました。多くの面で我が国の規格を上回っており、例えばフックやカラビナ等コネクタの破断強度は我が国の 11.5kN に対し、倍の 25kN でした。

　欧米では部品ごとの認証があり、フック等は消耗品で単品交換を前提としています。一方我が国ではパッケージ単位（ランヤード全体）の交換が基本です。

　我が国のフルハーネス義務化はまだ始まったばかりで、現場においても暗中模索の状態とみられます。

　本書の執筆にあたっては、欧州 EN 規格についてはフランスのハーネスメーカー・ペツル社の資料を、米国規格については、米国陸軍安全衛生規定を参考としました。特に、米国陸軍安全衛生規定の日本語版は詳細で大変参考となりますので、インターネットで入手し参考としてください。

　本書は、既刊「高所作業の基礎知識」の改訂版として作業に着手しましたが、フルハーネスの完全義務化を受けて、全面的に大幅な見直しをしました。参考としていただければ幸いです。

2022 年 7 月
みなとみらい労働法務事務所
菊一　功

【 目 次 】

※本書で使用している図や写真は、イメージと理解してください。

第1部　フルハーネスの正しい使い方

第1章　墜落制止用器具の規格

労働安全衛生規則及び規格の改正の要点

1．胴ベルト型での災害多発や安全の国際規格に合わせるため規則を改正した。

2．フォールアレスト（墜落対応）の用途で使用する器具（安全帯）を「墜落制止用器具」と呼び改め、原則フルハーネス型とする改正労働安全衛生規則が 2019 年 2 月 1 日から施行され、一部猶予期間（猶予項目は省略）があったが、2022 年 1 月 2 日から全面適用された。

　　現場において、「墜落制止用器具」を従来どおり「安全帯」と呼ぶことは差し支えない。

3．2022 年 1 月 2 日からは、「墜落制止用器具の規格（以下、新規格という）」に適合した墜落制止用器具しか使用できない。

4．「墜落制止用器具」としては、フルハーネス型を原則とするが、胴ベルト型も認める。ただし、6.75 m（建設業は 5 m）を超える場合はフルハーネス型とする。

5．柱上作業等で使用されたＵ字つり用安全帯は、フォールアレスト（墜落対応）機能を持っていないので、要求性能墜落制止用器具を併用しなければならない。

6．ロープ高所作業で使用する垂直面用ハーネスと傾斜面用ハーネスは、改正規則で「墜落制止用器具」であることが求められた。

7．フックを掛ける高さが、腰から上の場合は第一種ショックアブソーバ、腰から下に掛ける場合は第二種ショックアブソーバを使用しなければならない。

8．高さが 2 m 以上の作業床を設けることが困難な箇所（ロープ高所作業を除く）で、作業者にフルハーネス型を使用させるときは、特別教育を受講させる。

1．本書は、拙著「フルハーネス時代の新しい現場管理」（労働新聞社 2019.7 発行）から引用している。
2．本書は、フルハーネス型の規格や使用に関して、欧州ＥＮ規格及び米国規格を参考としている。
　欧州規格についてはフランスのハーネスメーカー・ペツル社の資料を、米国規格については「米国陸軍安全衛生規定」を参考としている。

フルハーネスの関連設備（図は行政資料から）

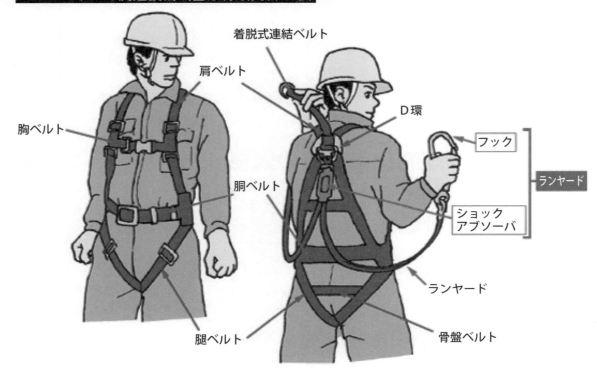

胸ベルト
肩ベルト
着脱式連結ベルト
D環
フック
ショックアブソーバ
ランヤード
胴ベルト
腿ベルト
ランヤード
骨盤ベルト

Q 1　フルハーネス型の義務化になって現場の安全管理は？

┃ 回　答 ┃

単に墜落制止用器具の使用を指示しただけではいけない。

1．高所作業における現場安全責任者の責務

　　① 事前に予定される高所作業箇所の現状を把握しなければならない。

　　② 高さに応じて次の器具の選択と使用指示をしなければならない。

　　　①フルハーネス型か胴ベルト型かの選択

　　　②安全ブロックやロック機能付き巻取り式ランヤードなどの選択

　　③ 安全にフックを掛ける箇所を設定し、使用指示をする（規則第521条）。

　　④ 現場安全責任者は、①から③の措置を安全衛生日誌等に記録する。

2．関係条文（要求性能墜落制止用器具等の取付設備等）

　　第521条　事業者は、高さが2m以上の箇所で作業を行う場合において、労働者に
　　　　　　要求性能墜落制止用器具等を使用させるときは、要求性能墜落制止用器具等を
　　　　　　安全に取り付けるための設備等を設けなければならない。

Q2 　旧規格の胴ベルトやハーネス（ベルト）に、新規格のランヤードを接続して使用できるか？

▎回　答 ▎

旧規格の胴ベルトやハーネス（ベルト）に、新規格のランヤードを接続してはならない。

1．引張試験の方法が旧規格と新規格とで異なる。例えばハーネスの破断荷重をみると、新規格では 15kN（約 1.5 t）に対し、旧規格では 11.5kN（約 1.15 t）と旧規格は低い。

2．損傷のないベルトやハーネスであれば、旧規格のものでも実際に墜落した場合の破断強度は確保されているとみられるが、外形がよくても経年劣化や損傷の程度により破断強度が低下している可能性があり継続使用は危険である。

3．以上の点から、旧規格の胴ベルトやハーネス（ベルト）に、新規格のランヤードを接続してはならない。

Q3 　Ａ社製のフルハーネス型にＢ社製のランヤードを接続して使用できるか？

▎回　答 ▎

新規格に適合しパッケージ単位で交換するのであれば問題はない。

1．ランヤード全体（パッケージ）ならよいが、我が国には部品（ロープ等、ショックアブソーバ、フック等）の個別認証制度がないので、バラバラに交換することは、ガイドライン（行政指針）において、「製造責任の観点から行わないこと」としている。

2．欧米では、個別部品のロープ等、ショックアブソーバ、フックについてバラバラに規格認証されているので、交換することは当然としている。

　写真は、スペイン製の２mのランヤードで、「フック＋カラビナ＋ロープ等・ショックアブソーバ＋カラビナ」と単体で接続しており、交換を前提としている。

┃回　答┃

外国で製造されたフルハーネス型は、国際規格に適合し厚生労働省労働基準局長が日本の新規格と同等以上の性能があると認めた場合は使用できる。

1．外国製のフルハーネス型やカラビナ等をインターネット等で購入して使用する例が多くなっているが、厚生労働省が発表している「規格不適合の墜落制止用器具の使用中止と回収について（2022.2）」によると、多くの規格外がみられる。

2．新規格のフルハーネス型や胴ベルト型及びショックアブソーバには、図1の例のような表示が義務付けられているが、欠陥品のものにはこれが表示されていないものが多い。

図1

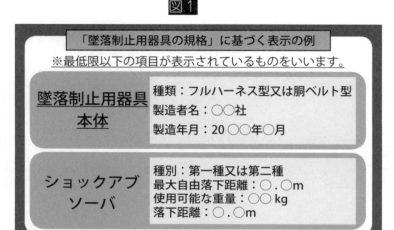

3．外国製品の中には、日本の規格に適合していることを宣言しているものがある。図2は、ペツル社の適合宣言書である。

　新規格のフルハーネス型等を購入する際は、各社取次店のホームページ等でこれらを確認する必要がある。

図2

4．適切な「表示」がないものは、必要な性能を有していないおそれがあり、「表示」がないと法令違反である。

5．インターネット等で外国製品を購入する場合は、信用のおける販売店で欧州規格（ＥＮ361等）とＣＥマーキングの刻印（印字）等のある製品かを確認すべきである。
　併せて、新規格が定める所定の「表示」がなされているか確認を要する。

墜落制止用器具の規格	（平成 31.1.25　厚生労働省告示第 11 号）

（表示）

第9条　墜落制止用器具は、見やすい箇所に当該墜落制止用器具の種類、製造者名及び製造年月が表示されているものでなければならない。

2　ショックアブソーバは、見やすい箇所に、当該ショックアブソーバの種別、当該ショックアブソーバを使用する場合に前条第三項の表に定める基準を満たす自由落下距離のうち最大のもの、使用可能な着用者の体重と装備品の質量の合計の最大値、標準的な使用条件の下で使用した場合の落下距離が表示されているものでなければならない。

Q5　「墜落制止用器具」と「要求性能墜落制止用器具」の違いは？

┃ 回　答 ┃

「墜落制止用器具」とは、新規格に適合するフルハーネス型と胴ベルト型の2種類のことを指す。

　「要求性能墜落制止用器具」とは、「墜落による危険のおそれに応じた性能を有する墜落制止用器具」のことで、原則的に使用義務のあるフルハーネス型で墜落安全距離が確保できない状況では胴ベルト型も選択できるという趣旨である。

1．墜落制止用器具の目的は、その着用者が墜落したときに安全に宙づりにすることである。
2．要求される性能がある墜落制止用器具は、現場の状況（特に高さ）によって、フルハーネス型か胴ベルト型かの選択、ロック機能付き巻取り式ランヤード・安全ブロック等の選択により決定される。

Q6　第一種ショックアブソーバと第二種ショックアブソーバの違いは？

┃ 回　答 ┃

フック等を掛ける位置が腰より高い場合は第一種を、腰より低い場合は第二種を使用する。

　（第二種使用：ガイドラインでは、フック等を足元に掛けた場合としているが、本書

では腰より低い場合とする。）

1. 新規格では、墜落した場合に緩和する衝撃荷重を次のように定めている。

①	第一種ショックアブソーバ	自由落下距離1.8mで墜落を制止したときの衝撃荷重が4.0kN以下（約400kg重）であるものをいう。
②	第二種ショックアブソーバ	自由落下距離4.0mで墜落を制止したときの衝撃荷重が6.0kN以下（約600kg重）であるものをいう。

2. 写真の上段が新規格の第二種、中段が第一種、下段が旧規格のもの。

Q7　新規格のランヤードは？

| 回　答 |

第一種ショックアブソーバを装備したランヤードをタイプ1ランヤード、第二種ショックアブソーバを装備したランヤードをタイプ2ランヤードという。

①	タイプ1ランヤード	自由落下距離1.8mで墜落を制止したときの衝撃荷重が4.0kN以下（約400kg重）であるショックアブソーバを装備したランヤード
②	タイプ2ランヤード	自由落下距離4.0mで墜落を制止したときの衝撃荷重が6.0kN以下（約600kg重）であるショックアブソーバを装備したランヤード

図は、タイプ2ランヤードを使用するイメージ

Q 8 補助ロープとは？

| 回　答 |

用語	ガイドライン	移動時において、主となるランヤードを掛け替える前に移動先の取付設備に掛けることによって、絶えず労働者が取付設備と接続された状態を維持するための短いロープ又はストラップ（以下「ロープ等」という。）をいう。

写真は、胴ベルト型の補助ロープ

1．ショックアブソーバ付きでないロープ等の場合は、長さが1.3 m以下

2．新規格のショックアブソーバ付きランヤードの場合は新規格の長さでよい。

Q 9 墜落安全距離とは？

| 回　答 |

フルハーネス型や胴ベルト型の着用者が墜落した場合に、図のように床等に身体が接触せず安全に宙づりとなる距離である。

1．フルハーネス型の墜落安全距離の目安は、第一種ショックアブソーバ付きランヤードであれば、フックを掛けた位置から約5.4 m（欧米では約5.6 m）である。

2．落下距離とは、「作業者の墜落を制止するときに生ずるランヤード及びフルハーネス若しくは胴ベルトの伸び等に自由落下距離を加えたものをいう。」（ガイドライン）

3．落下距離は、つまり墜落激突距離と同じである。

ランヤード長さ

アブソーバ伸び

自由落下距離

アブソーバの伸び

作業床からの落下距離

作業床からの墜落安全距離

1 mのクリアランス（安全距離）

Q 10　高さが 6.75 m 以下だと胴ベルト型が使用できるが、6.75 m の根拠は？

| 回答 |

　2 m のランヤードに第二種ショックアブソーバを装備したフルハーネス型着用者が、足元にフックを掛けた状態で墜落した場合に、安全に宙づりとなるためには、最低 6.75 m の高さが必要となる。6.75 m 以下であると胴ベルト型の方がフルハーネス型より安全な場合があるという考え方からきている。

1．図は、欧米で標準の 2 m のランヤードに第二種ショックアブソーバを装備したフルハーネス型着用者が、足元にフックを掛けた状態で墜落した場合である。

2．次の数値の合計が 6.75 m である。
　①第二種ショックアブソーバの最大伸びは 1.75 m
　②自由落下距離は 4 m（2 m ＋ 2 m）
　③床などに激突しないための安全距離として 1 m

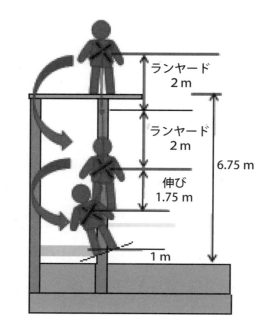

Q 11　6.75 m の計算式で使用する 2 m のランヤードは長すぎでは？

| 回答 |

日本で生産されているランヤードの長さは約 1.7 m で、2 m のランヤードは生産されていない。

しかし、欧米では 2 m のランヤードの使用が多い。

1．2019 年にオリンピック関連工事のために来日した欧州人作業員が持参したランヤードの長さは全て 2 m であった（写真）。

2．外国人が日本で、日本人が外国で高所作業する場合を想定している。

Q 12　フルハーネス型の種類は？

┃ 回　答 ┃

フォールアレスト（墜落対応）専用の、背にＤ環が１カ所だけある１本つり用フルハーネス型、加えて両腰にＤ環が設置された作業姿勢保持機能付きフルハーネス型、さらに加えて腹部と胸部にＤ環が設置されレスキュー機能がある多機能のフルハーネス型がある。

1．図１のフルハーネス型は、フォールアレスト（墜落対応）専用で背にＤ環が１カ所あり、作業姿勢保持（Ｕ字つり）機能はない。

2．写真１のフルハーネス型は、背・両腰にＤ環が設置されており、フォールアレスト・作業姿勢保持（Ｕ字つり）ができる。

3．写真２のフルハーネス型は、背・両腰・胸等にＤ環が５〜６カ所設置されており、フォールアレスト・作業姿勢保持（Ｕ字つり）・レストレイン（作業範囲制限）・レスキュー作業が可能な多機能型のフルハーネス型である。

図1

写真1

写真2

Q 13　多機能型フルハーネス型のＤ環の設置位置と機能について

┃ 回　答 ┃

Ｄ環の設置位置によって機能が異なる。

1．このフルハーネス型は、墜落制止のほか、作業姿勢保持器具に使用される「傾斜面用ハーネス」や「垂直面用ハーネス」、レスキュー用としての多機能のフルハーネス型である。

２．図にみるＤ環の設置位置と機能

　　① フォールアレスト（墜落対応）は、背上部のほかに胸部Ｄ環でもできる。

　　② 作業姿勢保持対応は、腹部、側部（両腰）である。

　　③ レストレインシステム（作業範囲制限対応）は、背上部と背下部のＤ環である。

３．背上部にＤ環があるフルハーネス型単体では、ロープ高所作業はできないので、シットハーネスや傾斜面用のバックサイドベルトとの併用が必用である。

C
作業姿勢制御
腹部　Ｄ環

A
墜落対応
胸部　Ｄ環

B
作業姿勢保持
側部　Ｄ環

B
作業姿勢保持
側部　Ｄ環

D
墜落対応
背上部　Ｄ環

E
作業範囲制限
背下部　Ｄ環

Q14　シットハーネス（写真）は、フルハーネスか？

┃ 回　答 ┃

シットハーネスは、厳密にはフルハーネスではない。

１．シットハーネスは、旧「安全帯の規格」で行政解釈的に胴ベルト型安全帯に分類されていた。新規格においても格別に否定する解釈例規等も見当たらないので、胴ベルト型に該当するものとみられる。

２．欧米では、胴ベルト型とシットハーネスをフォールアレスト（墜落対応）として使用することを禁止しているが、シットハーネスは、欧州の安全規格・ＥＮ358に対応し、ワークポジショニング用具として認知されている。

３．欧州規格では、50㎝以上着用者の自由落下が予想される

場合にフルハーネス型を使用しなければならない（米国は 60cm 以上）。

4．欧米は条件付きでシットハーネスをロープ高所作業で認知しているが、日本で胴ベルト型に該当するとなると 6.75 m 以下でしかロープ高所作業ができないことになる。

　このようなことから、ロープ高所作業を専門とする事業場の多くはフルハーネス型に移行している。

Q 15　高所作業車には、手すりと作業床があるので高さに関係なく胴ベルト型でよいか？

｜回　答｜

高所作業車で 6.75 m 超えの作業では、原則的にフルハーネス型の使用が義務である。

1．高所作業車には手すりと作業床があるが、規則第 194 条の 22 により墜落制止用器具の使用が規定されている。さらに、6.75 m の高さ規制が適用される。

2．高所作業車は作業床があるのでフルハーネス特別教育は強制ではないが、行政は受講を推奨するとしている。

Q 16　柱上作業のU字つり専用胴ベルトは、6.75 m以下なら使用できるか？

｜回　答｜

柱上作業等で使用されるU字つり専用胴ベルトは、墜落制止機能がないので単体で 2 m 以上の高所作業で使用することはできない。

高さが 2 m 以上の柱上作業では、両腰にD環があるフルハーネス型の使用が望ましい。

1．旧規格のU字つり専用の胴ベルトは、単体では墜落制止機能がないのでバックアップとして新規格のフルハーネス型との併用が必用である。

2．U字つり専用の胴ベルト等の部品が胴ベルト型の新規格に適合している場合、胴ベルト型に対応したランヤードを接続すれば、胴ベルト型としても使用できる。

3．6.75 m 以下で頭上にフック等を掛ける構造物がなく、フルハーネス型では墜落安全距離が確保できない場合は、胴ベルト型併用でも使用できる。

| 回　答 |

2022年1月2日からは新規格の墜落制止用器具であって

① 高さが6.75 m超えでは、フルハーネス型だけ使用できる。

② 6.75 m以下では、フルハーネス型のほか、胴ベルト型も使用できる。

③ ただし、建設業では5 m以下であれば胴ベルト型の使用ができる。

図は、胴ベルト型が使用できる高さを示す。

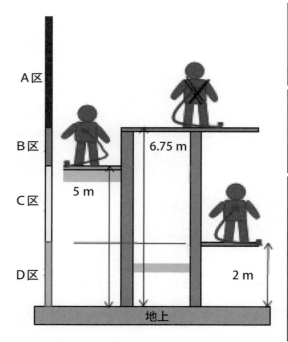

6.75 m超えの高所作業車作業
①胴ベルト型は…違反
②特別教育受講は推奨

2022年1月2日以降は高さに関係なく全て新規格の墜落制止用器具であること

A区
① 6.75 m（建設業5 m）超えでは、フルハーネスのみ
②胴ベルト型…違反

B区　5 m超6.75 m以下
①胴ベルト型使用…可
②ただし、建設業ではハーネス使用のこと（B区で胴ベルト型を使用すると指導対象）

C区　2 m以上5 m以下
①フルハーネス…可
②胴ベルト型…可
③建設業では前もって作業箇所の高さを予測し得ない場合であっても、高さ2 m以上の箇所では、ハーネスを着用すればよく、胴ベルトの着用替えは必要ない。高さが6.75 m以下であれば違反にならない。

原則
①新規格のフルハーネス型であること。
②体重別に応じたフルハーネスであること。
③ショックアブソーバは状況に応じて一種または二種が適切であること。

Q 18　胴ベルト型に対する新規格の規制は？

| 回　答 |

1. 6.75 m（建設業では 5 m）以下でのみ使用できる。
2. 第二種ショックアブソーバ付きのランヤードは生産されていない。
3. ショックアブソーバのない二丁掛け用の補助ロープの長さは 1.3 m以内

フルハーネスの使用例

図1.
フォールアレストシステム（墜落制止対応）

図2.
ワークポジショニングシステム（作業姿勢保持）

図3. レストレインシステム（作業範囲制限）

図4. サスペンションシステム（ロープ高所作業）

第2章 ハーネスの「正しい」装着の仕方

Q 19 腿ベルトの水平型（写真1）とV字型（写真2）は、どちらが良いか？

| 回　答 |

V字型は着用面が腿に密着するので多少の違和感がある。
水平型は腿に圧迫感がない利点があるが、ダブダブに緩く
し過ぎて使用すると危険である。

1．V字型は腿ベルトが腿に密着しているので、墜落時の
　　ベルトの移動距離が短い分、腿にかかる衝撃が水平型よ
　　り小さい。

2．水平型は、腿ベルトが下方に下がっている距離分だけ墜落時のベルトの移動距離が
　　長くなり、腿にかかる衝撃がV字型より大きい。

3．フルハーネス型の選定にあたっては、フルハーネス型先進国である欧米ではV字型
　　が主流であること、安全面で水平型よりもV字型が優れていることを考慮する必要が
　　ある。

Q 20 水平型フルハーネス型の注意点は？

| 回　答 |

1．腿ベルトが水平型になっているフルハーネス型は、ダブダブのニッカポッカの上か
　　ら着用すると、腿ベルトを緩く締める傾向にある。
　　　現場安全責任者は、水平型のフルハーネス型をダブダブ状態で着用している作業員
　　に対しては、注意し是正することが必要である。

2．腿ベルトを緩く締めた状態では、墜落の際に落下距離が伸び床等と激突する危険性
　　と、男性の「急所」を損傷する可能性が高くなるので、腿ベルトはしっかり締めてお
　　くこと。

3．正しい腿ベルトの位置
　　① 写真1は、正しい腿ベルトの位置（○）
　　② 写真2と3は、やや低い腿ベルトの位置（×）

写真1

写真2

写真3

Q 21　フルハーネス型着用時のD環の位置は？

回答

背上部D環の位置は、肩甲骨の間である。

1．着用時のフルハーネス型の背上部D環の位置は、肩甲骨の間である。
　　図1に示すように、肩甲骨の間、あるいは多少上付近が適切である。
　　この適切な状態でつり下がった場合は、着用者の頭部と臀部を結ぶ線とランヤードとのなす角度は新規格で定める45度以内（図2の角度）となる。

2．現場安全責任者は、背上部D環の位置が極端に下にある状態の作業員に対しては、注意し是正する必要がある。

図1

○
背部D環の位置
肩甲骨の間

図2
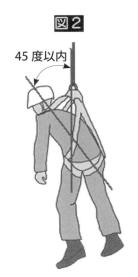

45度以内

Q 22　不適正なＤ環の位置で墜落するとどうなるか？

| 回　答 |

腹部の損傷や呼吸困難になる可能性がある。

1．Ｄ環の位置を肩甲骨より著しく下部の状態で着用した場合、図１のようにＤ環の位置が肩甲骨の下部の状態では、宙づりとなった場合に着用者の頭と臀部を結ぶ線とランヤードとのなす角度は、新規格で定める 45 度を超える（図２の角度）可能性がある。

2．この状態では、墜落における衝撃荷重は胸部を直撃し、腹部の損傷も重大となる可能性が高い。

　　① この角度で墜落し宙づりとなった場合は、重心の関係で水平に近くなる。
　　　　胸部を圧迫した状態が継続すると、著しい呼吸困難になるといわれている。
　　　　筆者が実際に現場の安全教育の場でこのような状態の着用者がいたので、宙づりしたところ、一瞬で呼吸ができないと悲鳴をあげた。

　　② 着用者が、このような状態のまま 30 分以上宙づり状態で救出を待つことは、胸部の圧迫で呼吸困難と血流障害となり、時間を経過すると耐えがたい激痛を伴い、人体に甚大な損傷をもたらす可能性が高い。

3．現場安全責任者は、背中のＤ環の位置が極端に下部にある状態の作業員に対しては、注意し是正する必要がある。

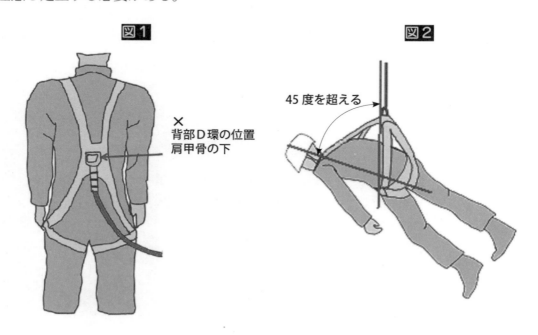

図１

× 背部Ｄ環の位置
肩甲骨の下

図２

45 度を超える

Q 23　空調服とフルハーネス型を同時着用した場合の注意点は？

| 回　答 |

墜落時の衝撃が、空調服の上にフルハーネス型を着用する場合はベルトでファンを直撃し内臓破裂になり、空調服の下にフルハーネス型を着用する場合は首つり状態になる可能性がある。

1．空調服の上にフルハーネス型を着用するタイプ（写真）
　①　墜落の衝撃でベルトがファンを圧迫し、内臓破裂の可能性がある。
　②　図1のタイプのフルハーネス型は、比較的ベルトとファンが干渉しないとみられる。
2．空調服の下にフルハーネス型を着用するタイプ（図2）
　①　ランヤードを筒状の袋からショックアブソーバを引き出さないで、冷気漏れ防止のため口を紐で縛ると、墜落の衝撃で首つり状態となり、極めて危険な状態となる可能性がある（図3）。
　②　ランヤードを筒状の袋からショックアブソーバを全部引き出した状態で使用する。

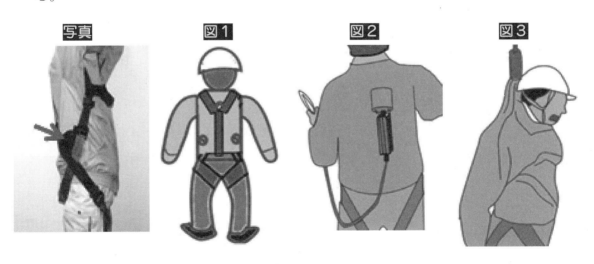

写真　　　図1　　　図2　　　図3

Q 24　あまり使用しないフルハーネス型でも３年で廃棄か？

┃ 回　答 ┃

基本的には損傷の程度により廃棄・交換を行う必要がある。

外形的損傷もなく、使用頻度が極端に少なく、保管環境がよい場合は、製造から５〜７年でも強度が低下していないとみられる。しかし、外観的に損傷がなくても、墜落歴等の大きな衝撃荷重が加わったものは廃棄である。

1. 欧米製では「製造」から10年で廃棄と表示しているものがある。日本製では「使用」から３年と表示しているものもあるので、メーカーに確認を要する。
2. 紫外線に当たり高温多湿等の劣悪な保管環境の場合は、外形的損傷もなく、使用頻度が極端に少なくても、強度が著しく低下している可能性がある。

　したがって、一概には判断できないので、使用に当たってはメーカーや専門家の判断を得ることが必要である。

第3章　墜落安全距離について

フルハーネス型は構造上、胴ベルト型より落下距離が長くなる。

Q 25　日本製のフルハーネスの仕様書では墜落距離はどのように記載されているか？

| 回　答 |

日本製のフルハーネス型の仕様書には、着用者が墜落して床に激突する距離である「墜落激突距離」で記載されている。

1．多くの日本製のフルハーネス型の仕様書には図のように激突した状態を示して、ほとんどが4.4 m以上の距離の確保を求めているような表記である。

　　しかし、4.4 mの距離を取っただけでは安全ではなく危険性が高い。表記は墜落激突距離を示しているので誤解を招きかねない。

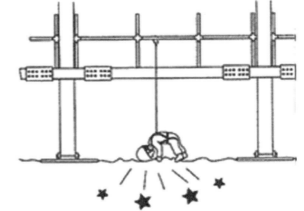

2．着用者が求めるのは、どのくらいの距離を確保したら、墜落時に安全に宙づりになれるかである。

3．フックを掛けた地点から1 mの安全距離を確保した墜落安全距離である、5.4 m以上を確保すべきである。

Q 26 　現場安全責任者が、写真のようなタンク上の作業で注意する点は？

| 回　答 |

フルハーネス型の場合、安全に宙づりになるためにはフックを掛けた箇所から 5.4 m 以上の高さ（墜落安全距離）が必要であることを常に自覚すべきである（図）。

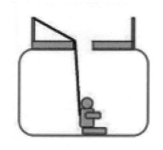

1．発注者が高所作業において全てフルハーネス型の使用を求めている写真のような現場では、例え 2.5 m の低層作業でもフルハーネス型を使用するしかない。

2．現場安全責任者は、墜落安全距離が確保された丈夫なフック取付設備を準備し、作業員に安全ブロックやロック機能付き巻取り式ランヤード等の使用を命ずる義務がある（規則第 521 条）。

3．現場安全責任者は、例えば 3 m の地点にフックを掛けて墜落した場合に、墜落安全距離が確保されるのかを、確認しなければならない。

Q 27 　フルハーネス型で 5.4 m 以上の墜落安全距離が確保できない場合の措置は？

| 回　答 |

フルハーネス型は、墜落安全距離の確保が重要である。フルハーネス型で、5.4 m 以上の墜落安全距離が確保できない場合の措置は次のとおりである。

① ロック機能付き巻取り式ランヤードを使用する（写真 1）。
② フックの位置を後方又はより高く設置し、墜落安全距離を確保する（写真 2）。
③ 安全ブロックを使用する（写真 3）。

写真1   写真2   写真3

　ただし、ロック機能付き巻取り式ランヤード及び安全ブロックにおいても、衝撃荷重で伸びる可能性がある。

　現場でフルハーネス型の使用状況をみると、作業員の多くは墜落安全距離について無頓着である。

　せっかくフルハーネス型を使用しても、「フルハーネス型で墜落したが激突した」では意味がない。

Q 28　フルハーネス型の使用基準 6.75 m と 5.4 m の関係は？

| 回　答 |

■ 6.75 m は、フルハーネス型着用者の足元から地面までの距離

■ 5.4 m は、掛けたフックと地面との墜落安全距離

1．重要なのは、安全に宙づりにするため、5.4 m 以上の墜落安全距離の確保である。

2．次のような条件で算出された 6.75 m は、フルハーネス型使用義務の基準算出の意味しかない特殊な例である。

　①日本ではみられない 2 m の長さのランヤード

　②日本ではみられない最大 1.72 m 伸びるとされるショックアブソーバ

　③日本ではみられない図のような足元にフックを掛けて作業する場合を想定

┃回　答┃

写真1の上段のような専用のコネクタがない場合は、写真1の下段のようにカラビナを使用する。

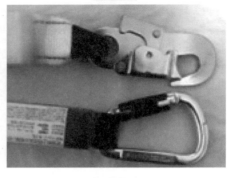
写真1

　接続にカラビナを使用する場合は、11.5kN以上の破断強度があり、かつ安全環があるものを使用すること。

1．カラビナは安全環部分（止め金具）が弱点である。

　　カラビナは、写真2の状態で強度を発揮する。

　　欧州規格であるEN規格を具備したカラビナには、CEのマークと↔のマークが表示されている。

写真2

　　しかし、写真3の状態（横荷重）では構造的に強度が低下する。

　　この状態は↕とカラビナに表示されている。

2．接続してはならないカラビナ（コネクタ）

　①破断強度の表示がない又は強度不足のカラビナ

写真3

　②安全環のないカラビナ

　③メーカーの表示がないカラビナ

　④シャックル（現場で使用例があった）

3．横荷重にならないための措置例

　① 横荷重防止のために区画ピンを設置している（写真4）。

　② 横荷重防止のためにカラビナにキャップを装着している（写真5
　　キャプティブ　ペツル社）。

写真5

写真4

Q 30　墜落制止用器具のD環に接続できるカラビナの強度と種類は？

| 回　答 |

新規格を満たすカラビナを使用する。

日本製のカラビナには、ＥＮ規格やＣＥマークのような認証表示がない。

不明な場合はメーカーに確認すること。

1．11.5kN の破断強度が確保されているか確認を要する。
2．安全環付きのカラビナの種類。
　①　写真1は、安全環のないカラビナでD環との接続をしてはならない。
　②　写真2は、スクリュー型安全環付きで安全環を手動で回すもの。
　　　赤い線が見えている状況
　　では締まっていない。
　③　写真3は、安全環の閉め
　　忘れ防止効果のあるもので、
　　スクリュー部をひねって使
　　用する。
　④　現場で、シャックル（写
　　真4）でD環とランヤード
　　を接続している例があった
　　が、外れる可能性が高く新
　　規格違反である。

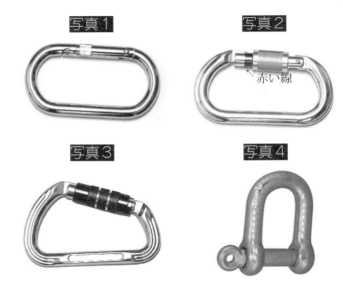

写真1　写真2　←赤い線

写真3　写真4

Q 31　ＥＮ規格やＣＥマークとは？

| 回　答 |

ＥＮ規格とは、欧州連合（ＥＵ）で規定する規格で、日本のＪＩＳと同じような産業規格。

CE マーキングは、製品が欧州連合（ＥＵ）の安全規格に適合していることを示すマーク。

１．ＥＮ361は、墜落対応のフルボディハーネスの規格である。
　　ＥＮ362はコネクタ（カラビナやフック等）の規格である。

２．欧州連合（ＥＵ）の安全規格に適合していることを示すマーク $\boxed{CE}$ が製品上になければＥＵ域内での流通は認められない。

３．輸入品を購入する場合は、ＥＮと $\boxed{CE}$ マーキングの刻印（印字）を確認する。
　　新規格第９条に定める表示がなされていないフルハーネス型を使用すると新規格違反となるので注意を要する。
　　信用のある日本代理店から購入するのがよい。

Q 32　フルハーネス型の中古品をインターネット等で購入してよいか？

｜回　答｜

過去の使用経歴がわからないものは購入しないこと。新規格であっても、一度でも墜落の経歴があれば、外観がよくても使用してはならない。

第4章　安全ブロック・ロリップを使用する場合

Q 33 フルハーネス型で作業姿勢保持対応である両腰に設置されたD環に、安全ブロックのフックや墜落対応のランヤードを接続してよいか？

回　答

安全ブロックのフック等をハーネスの腰にあるD環に接続してはならない。

1．安全ブロックのフックや墜落対応のランヤードは、フルハーネス型の背上部のD環に接続する。

2．フルハーネス型の上に着用した胴ベルト型の両腰に設置された作業姿勢保持用のD環に安全ブロックのフックを接続して墜落した時、思わず安全ブロックのロープを掴んだため肩関節を脱臼した災害事例がある（写真1参照）。

3．作業姿勢保持対応である両腰に設置されたD環に墜落対応のランヤードを接続し墜落すると、身体が縦でなく横向きに落下し、かつ腰だけに衝撃荷重がかかり着用者が負傷する可能性が高い。

4．多機能型で墜落対応の胸部D環（Q13参照）がある場合は、墜落対応のランヤードを接続できる。

　　墜落対応でない胸部D環の場合は、安全ブロックのフック接続専用である。

　　写真1は、ハーネスの上に胴ベルト型を着用しているが、安全ブロックのフックを胴ベルト型のD環に掛けている（矢印）もので、間違った使用例である。

　　写真2は、安全ブロック接続専用D環である。

写真1

写真2

Q 34 　安全ブロックのフックを背中のD環に掛けにくい場合は？

| 回　答 |

写真のような着脱式の連結ベルトが市販されている
ので、事前に装着しておくと便利である。

Q 35 　ロリップとグリップとは？

| 回　答 |

ロリップは、傾斜面や垂直面作業に使用する親綱式スライド式墜落制止
用器具全体を指し、グリップは、ロープに噛ませたギヤを締め・緩めす
る器具の部分を指す（写真）。

1．傾斜面作業においては、体重の掛かったメインロープにグリップの
　ギヤを噛ませ、これを緩めることで下降し、締めることでストッパー
　となる。

2．宙づり状態の垂直面作業においては、体重の掛からないライフラインにロリップを
　接続し、墜落時の衝撃荷重によりグリップのギヤがロープを締め瞬時に墜落を防止す
　る。

3．スライド式墜落防止用器具は、小綱とともに墜落制止用器具のランヤードに該当す
　る（小綱の長さは 30cm 程度だが、長いと Q37 のような問題が発生する）。

Q 36　ロリップのグリップを掛ける位置は？

｜回　答｜

グリップは、図のように常にD環より高い位置に保つこと。

1．安全ブロックの場合は、バネで巻き込まれる力が作動しており、常にフックの位置はD環の上部にある。

2．親綱と接続しているグリップの位置は、常に手動で上部に動かす必要があり、これを怠ると腰より下、場合によっては足元になることもある。

3．グリップの位置が足元にある状態は落下係数2であり、衝撃荷重は9kN（約1t）以上となる可能性があり、人体の損傷は避けられない（落下係数はQ38参照）。

4．グリップの小綱にはショックアブソーバがついていないので、D環よりグリップの位置が低いと墜落による衝撃荷重が大きくなる。

Q 37　胴ベルト型でロリップを、図のように腰より低い位置で昇降している場合の墜落による衝撃荷重は？

｜回　答｜

約1tの衝撃荷重が着用者の腰にかかる可能性がある。

1．図のような状態は落下係数2の場合で、極めて衝撃荷重が高く避けるべきである（落下係数はQ38参照）。

2．この衝撃荷重を緩和する第二種ショックアブソーバ付きランヤードは、胴ベルト型用には販売されていない。

3．胴ベルト型を使用する場合には次の対応が必要である。

　　① ロリップのグリップが常に腰から上の状態に保つ。

　　② ロリップではなく安全ブロックを使用する。

Q 38　落下係数とは？

| 回　答 |

落下係数とは、墜落の激しさを示す理論的指標で、山岳クライミングでダイナミックロープ（ザイル）だけの使用で計算している。

落下距離÷繰り出したロープの長さ

で表したもので、「0から2」までの数値になる。

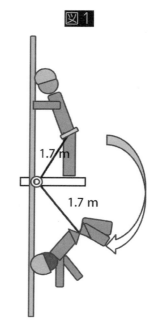

図1

1.7 m

1.7 m

　　落下係数2が最大値で、「2」を山岳界では「死の世界」と呼び、避けるべきものとされている。

1．ロープの長さと落下距離で衝撃荷重を理論的に求める落下係数は、実証実験の衝撃荷重を基礎に、現場で活用できる。

2．図1及び2の状態は、落下係数2の場合である。

　　実証実験の結果、9.775kN（約1ｔ）の衝撃荷重がかかる（拙著「フルハーネス型安全帯」P 124、「安全帯で宙づり」P 66）。

3．衝撃荷重緩和の見地から、落下係数が0〜1になるようにフックの位置を常に意識すべきである。

4．落下係数2の作業は、第二種ショックアブソーバ装着のランヤードが必要な図2のような作業である。

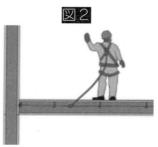

図2

Q 39　風力発電施設をフルハーネス型とロリップで昇降する場合の注意点は？

| 回　答 |

胸又は背中にD環のあるフルハーネス型を使用して、落下係数を常に意識しグリップの位置がD環より常に上の位置にあるようにする。

1．図1は、胸のD環にロリップを掛けて風力発電の塔内で昇降はしごを登っている。

　　風力発電のように30〜60ｍも昇降する必要がある場合は、グリップをD環より上部に移動しやすいので、胸にD環のあるフルハーネス型が便利である。

2．背部にのみD環があるフルハーネス型を使用する場合においても、常にグリップの位置が背部のD環の位置より上にある状態で昇降する。

　図2のように、グリップが足元にあるとショックアブソーバが付いていないので、墜落すると衝撃荷重が約1tかかり危険である。

　この状態でショックアブソーバを接続する場合は、第二種が必要となる。

3．原則的に通行や昇降は「作業」ではないので、胴ベルト型やシットハーネスでも使用できる。タンクや風力発電所の点検作業において、昇降設備用に設置されたロリップに接続して使用できる（図3はシットハーネス）。

図1　図2　図3

Q40　図のような作業中にメインロープが切れロリップで宙づりとなった場合は？

｜回　答｜

ロリップで宙づりとなった場合は、ロープに荷重がかかりグリップを緩めることできなくなるため、自力脱出は不可能となる（Q44の災害事例参照）。

　ロリップよりも、墜落時に瞬時に下降が停止し、レバー操作で下降するセルフブレーキ（下降器）の使用が望ましい（写真はペツル社のリグ）。

Q 41   安全ブロックを傾斜面で使用する上での注意点は？

┃ 回 答 ┃

安全ブロックは緩い傾斜で止まらないことがある。

　ロック機能は垂直落下においてよく機能するが、傾斜角が緩いとワイヤーやストラップ等が流れてストップがかからない可能性がある（図）。

　メーカーの仕様書によっては傾斜面では使用しないことの注意書きがある。

　現場の状況に応じて事前に機能を確認しておく（写真の安全ブロックは、30度以内としている）。

第5章　墜落災害発生に伴う救助体制と延命措置

1．事故発生時の措置

（1）フルハーネス特別教育カリキュラムにおいて「事故発生時の措置」が規定され、多くの使用テキストで「オンサイトレスキュー」として記載されている。

（2）ロープ高所作業に関する規則第539条の5においても「労働災害が発生した場合の応急の措置」が規定されている。

（3）現場にいる同僚による救助（オンサイトレスキュー）及び被災者自らの脱出・自己救助・延命措置については、安全教育の必須科目ともいえる。

2．海外における動向

（1）「墜落が発生した場合には迅速な救助に備えるか、労働者が自己救助できるようにすること」（米国OSHA）。

（2）「全てのフルハーネスは、起立不耐性（orthostatic intolerance）の効果を短時間軽減するために、あぶみ、リリースステップ又は同等物のようなサスペンション・トラウマ防止装置を備えていなければならない」（米国陸軍安全衛生規定 2014.11.30; 21. i.06 ＝在日米軍基地内にも適用）

Q 42　消防レスキューが事故現場に到着するのは事故発生後どれくらいか？

｜回　答｜

道路事情や現場の状況にもよるが、事故発生から30分以上を要するとされる。

1．到着後救出までに要する時間は、状況によりさらに30分以上を要する。

2．胴ベルト型で宙づりになると約10分で意識不明となり、フルハーネス型でも20分が限界なので、現場の仲間による救出や自己救助が必要となる。

Q 43　胴ベルト型で宙づり状態の着用者（80kg）を引き上げるのに何人必要か？

| 回　答 |

実際の事例では、人力で素手だけでは 10 人が必要であったとの報告がある。
必要な人数と足場が確保されていないと引き上げるのは不可能である。

1．Q44 の災害事例 1 は、2 名で引き上げようとしたが断念した。
2．屋上にロープがあったので被災者にロープを渡し、足を確保すれば助かった可能性
　　があった。
3．消防レスキューもこのような延命措置方法を知らなかったとみられる。

Q 44　ロリップによる宙づりの災害事例は？

災害事例 1

　建物の外壁補修工事を請負っていた元請の現場所長
が、3 階吸気口周囲の雨漏れ箇所を補修するため、1
人で屋上から親綱とロリップと胴ベルトを使用し下降
しようとしたところ、屋上から約 1 m 下がった箇所で
動けなくなり宙づり状態となった。

　被災者は携帯電話で施主に救助を求めたが、駆け付
けた 2 人では引き上げることはできず、消防署のレス
キュー隊に救出要請した。事故の約 30 分後に引き上げ
られたが、被災者は翌日低酸素脳症で死亡した。

Q45　胴ベルト型で宙づりの災害事例は？

災害事例2

被災者は、ビルの窓ガラス清掃をブランコ作業で行っていたところ、メインロープがつり元から外れブランコ台から墜落した。ライフラインにより地面への墜落は避けられたものの、安全帯で宙づり状態となった。被災者の救出には約1時間を要し、搬送先の病院で内臓圧迫等により死亡が確認された（筆者は本件事故現場を確認し、目撃者から状況を聴いている。平成26年発生　文と絵は行政資料）。

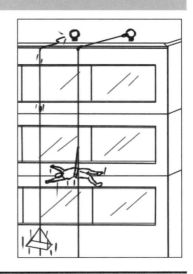

Q46　胴ベルト型で足を掛けるところが確保できない状態で宙づりとなった場合に、墜落直後の被災者が行動する上での注意点は？

回　答

墜落直後は、図のようにランヤードのロープを掴み、腕でロープを抱えるように胸ではさむ。腹部圧迫で低酸素脳症を防ぐため頭部を上に保つ。

1．頭部が下方にさがっている状態では、頭部がうっ血し意識がなくなるのが早くなるので、これを防ぐ必要がある。

2．被災者の行動は次のとおり。
　① 大きな声を出し、墜落したことを周囲に知らせる。
　② 負傷の部位を調べる。出血している場合は止血する。
　③ 頭部が下になっている場合は、頭部がうっ血し意識不明になる時間が早くなるので、頭部を上となる姿勢を維持する。
　④ 腰に装備した工具等を外し、身軽になる。
　⑤ 自力脱出が可能か状況を判断し試みる。
　⑥ 自力脱出が不可能なら、レスキュー等の救出を待つ間に延命措置（Q47参照）を行う。

Q 47 胴ベルト型着用者が、墜落し宙づりとなってレスキューが救出するまでの30分間に行う場合の自己救助・延命措置の方法は？

回　答

腹部圧迫で呼吸困難となり低酸素脳症にならないために、ロープやスリング等を確保してベルトに接続し、足を踏ん張り腹部のベルトによる圧迫を軽減する。

1．ダイニーマスリングによるによる延命措置は次のとおり。

　　① 写真1のようなダイニーマスリングとカラビナを日頃から携帯し、墜落した直後はQ46で記載した姿勢をとり、写真2のようにD環に取り付ける。

　　② ダイニーマスリングの輪に足を掛けて立ち上がる姿勢を保ちレスキューを待つ。日頃からの救命措置の意識と訓練が必要である。

写真1

写真2

2．ダイニーマスリングの代替品

　　ダイニーマスリングがない場合は、トラロープや介錯ロープでも効果がある。

　　この場合、足を掛けたロープが逃げてしまうので、ロープと身体をカラビナ等で固定するとよい。

スリングの輪を足に掛けて立った状態

トラロープ等の輪を足に掛けて立った状態

介錯ロープ

Q 48　フルハーネス型で長時間宙づりとなっても着用者は無傷か？

| 回　答 |

宙づり30分以上で脳と心臓に致命的損傷を、20分でも精神的損傷（トラウマ）を受ける可能性がある。

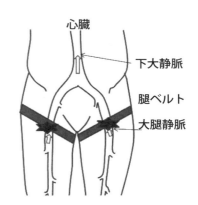

心臓
下大静脈
腿ベルト
大腿静脈

1．フルハーネス型着用者が墜落した場合は、全身で衝撃荷重を受けて分散し緩和するので比較的身体の損傷は少ない。

2．墜落し自力脱出できずハーネスで宙づり状態になると、図のように腿ベルトが大腿静脈を圧迫し、血流を止める可能性がある。フルハーネス型主体の欧米では、高所作業従事者に対し、自己救助の安全教育が必修科目とされている。

3．宙づり状態のまま時間が経過すると、次のような状態になるといわれている。

　①5 〜 10分経過

　　数分で血液が足に溜まる（図1）。

　②10経過

　　心臓が血液を足に送ると同時に心臓に吸い上げようとするので、血液がますます足に溜まる（図2）。

　③20分経過

　　心停止と脳障害の危機的状況が近い（図3）。

　④30分経過

　　死亡もしくは重大な脳障害の可能性が高い（図4）。

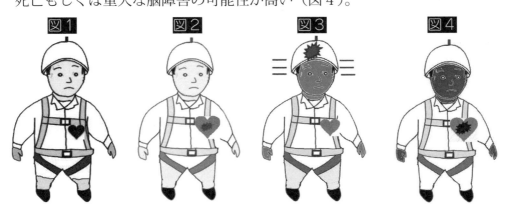

図1　　　図2　　　図3　　　図4

4．実際に墜落しハーネスで宙づりとなり20分後に救出された着用者は、救出直後は立つことさえできなかったが、身体に特段の外傷はなかった。

　　しかし、事故がトラウマになって高所作業が困難となった事例がある。

Q49 フルハーネス型で宙づりとなった直後の被災者が行動する上での注意点は？

┃回　答┃

ハーネスでも20分以上の宙づりは大腿静脈の圧迫で血栓障害になる危険性があるので、迅速な救助が必要である。

1．さらに、頭部や急所を腿ベルトで強打している可能性があり、一刻も早い救出が必要である。
2．被災者の行動は次のとおり。
　①　大きな声を出し、墜落したことを周囲に知らせる。
　②　負傷の部位を調べる。出血している場合は止血する。
　③　頭部が下になっている場合は、頭部がうっ血し意識不明になる時間が早くなるので、頭部が上になる姿勢を保つ。
　④　腰に装備した工具等を外し、身軽になる。
　⑤　自力脱出が可能か状況を判断し試みる。
　⑥　自力脱出が不可能なら、レスキュー等の救出を待つ間にダイニーマスリングによる延命措置（Q50参照）を行う。
　⑦　腿ベルトに締め付けられている箇所の血栓障害を防止するため、腿ベルトの位置替え、尻の上げ下げ、足の上げ下げの運動を行う。

Q50 フルハーネス型で宙づりとなった場合の延命措置は？

┃回　答┃

市販の墜落防止時うっ血対策ストラップ、ダイニーマスリング、介錯ロープ等を足にかけ踏ん張り、腿ベルトの圧迫を緩める。

1．ダイニーマスリング（写真1）による方法
　　自己救助・延命措置は墜落者に意識があることを前提とする。
　　体形に合わせて登山用品であるループ状の120～150cmのダイニーマスリング2本を使用する（写真2）。腿ベルトをつり上げている力が、腿ベルト⇒胸ベルト⇒D環⇒ランヤード

写真1

（フック）となっているので、スリングはこのラインのハーネス（ベルト）に取り付け、長さを調節する。

　背面のD環に取り付けても効果はない。

　このスリングの輪に足を入れ踏ん張ると、腿ベルトの圧迫が多少緩くなり、閉塞された大腿静脈の血流を解放することができる。

２．介錯ロープやトラロープでもよい。

３．市販のトラウマストラップ（TRAUMASTRAP）を使用する。

　① 　インターネットでトラウマストラップ（TRAUMASTRAP）と検索すると、製品と動画が見られる。

　② 　DBI-サラ墜落防止時うっ血対策ストラップ「スリーエム（３M）」（写真３）による方法で、足を掛け踏ん張った状況（写真４）。

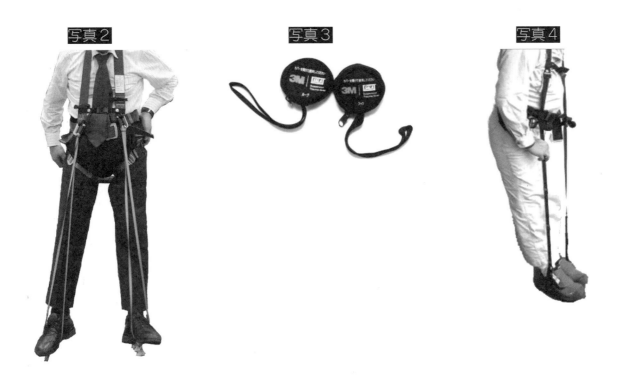

写真２　　　　　　　写真３　　　　　　　写真４

第6章 梁上移動時の二丁掛けの方法・移動時の注意

　移動時に梁のコーナー等で、先に掛けていたフックを無意識に先に外し、サブのフックを掛けようとした時に、一瞬無フック状態になったために墜落した死亡災害事例がある。

　フルハーネス型先進国の欧米における高所作業では、作業時も移動時も常に二丁掛け（ダブルフック状態）が多い。

Q 51　高所作業における梁上移動時の安全確保は？

｜回　答｜

フックの掛け忘れ防止のために、常時フックが掛かった状態を保つこと。
梁上移動時だけでなく作業時も常に二丁掛け状態とするのが望ましい。

1．欧米で作業時には常に二丁掛け状態としているのが常識となっている。
　　したがって、梁などの移動時では、常にダブルフックである。
　　我が国では法的義務はないが、本書では、欧米のように「フルハーネス型使用時は、常に二丁掛け」を推奨するものである。

2．「フルハーネス型では、常に二丁掛け状態」の方法（図）
　①　1個のショックアブソーバから構成される二丁掛けランヤードを使用している場合、フックを区別する必要はないが便宜的にA・Bと区別する。

　②　ハーネスで梁上等を移動の場合は、親綱にフックを同時に2本掛ける（写真1）。

　③　A・B2本のフックを同時に親綱に掛け、梁上を移動する。

　④　柱等障害物があった場合は、Aのフックを外し柱の反対側に掛ける（この時、任意のA・Bのフックが柱等を挟んで同時に掛かっている状態＝写真2）。

図

⑤　Bのフックを親綱から外し、Aのフックの横の親綱に掛ける。

⑥　A・Bのフックを親綱に同時に掛けた状態で梁上を移動する（写真3）。

写真1

写真2

写真3

Q52　フルハーネス型で常時二丁掛けするためのランヤードは？

| 回　答 |

1個のショックアブソーバから構成される二丁掛けランヤードを使用すること。

1．写真1のように、1個のショックアブソーバで構成される二丁掛けランヤードを使用する。

2．写真2のように2個のショックアブソーバから構成される二丁掛けランヤードは使用しない。

　墜落した場合にショックアブソーバが機能せず、衝撃荷重が緩和されない可能性があるためである。

写真1

写真2

3．メーカーによる注意
　　この点に関し、ハーネスメーカー（藤井電工）は次のように注意している。

 ショックアブソーバ２個付きの二丁掛け仕様ではフック２個の同時掛けをしないでください

ショックアブソーバが２本のランヤードとそれぞれに付いた二丁掛け仕様の場合、フック２個の同時掛け状態で落下すると２倍近い衝撃荷重が加わる可能性があり、身体に損傷を及ぼす場合がある。
●水平移動時などに、フック２個同時掛けでご使用になる場合、ショックアブソーバは１個付きの二丁掛けランヤードを使うこと。

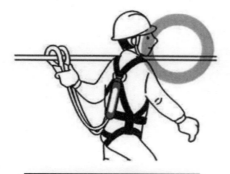

ショックアブソーバが１個

ショックアブソーバが２個

4．好ましくないが、２個のショックアブソーバから構成されるランヤードでダブルフックをすると、次のような利点と欠点がある。
　①利点は、無意識のフック掛け忘れによる墜落を防止できる可能性がある。
　②欠点は、墜落時に２倍近い衝撃荷重が加わり、人体に損傷を及ぼす可能性がある。

第2部　ロープ高所作業の安全

第1章　ロープ高所作業の基礎知識

1．作業床の設置が困難な高所で、ロープに設置した昇降器具を作業員自らが手動操作して上昇又は降下し、ロープで宙づりとなり、あるいは足を接地して作業姿勢を保持して行う作業が多くなった。前者はビルのガラス外装クリーニング作業で後者は傾斜面作業が例としてあげられる。

2．ロープ高所作業に関する安衛則が 2016 年 1 月 1 日から施行された。

　　安衛則が改正され 2019 年 2 月 1 日からライフラインには、新規格の墜落制止用器具の接続が求められ、原則フルハーネス型の使用が義務化された。

　　主な規制として次の 3 点があげられる。

　①ライフラインとメインロープの 2 本のロープ使用の原則（例外規定あり）

　②作業従事者に特別教育受講の義務化

　③作業計画で災害が発生した場合の救護措置を設定

3．国土交通省など公共工事発注機関においても、橋梁下部構の点検作業に無足場工法であるロープ操作による高所作業（欧米ではロープアクセス工法という）が試行され、高い評価を受けている。

　　今後、我が国においてもロープ高所作業の規則制定を契機にこの工法の採用拡大が予想される。

　　ただし、その前提となるのはロープ技術についての客観的評価ができる資格制度の導入とみられる。

4．ロープ高所作業のうち、ガラス外装クリーニング作業は下降のみが一般的であるが、外壁塗装・補修作業、橋梁下部構の点検・補修作業などは、昇降器具を労働者自らが手動操作して上昇又は降下し、ロープで宙づり状態となるもので、ロープ操作に極めて高度な技術を要する。

　　規則に定める実技 3 時間の特別教育は、ロープ操作技術やレスキューを教えていないので、この受講をもって、無足場工法による外壁塗装・補修作業などを行うことは、極めて危険である。ガラス外装クリーニング協会、橋梁下部構の点検・補修作業を行う一部専門工事会社や団体がこの実態を認識し、ISO など欧米のロープアクセス教育

に準じた実技技能教育を実施している。

　ロープ高所作業のうち、宙づり状態となる作業を伴う作業従事者は、このような実技教育を受けて技能を習得した上で行うべきである。

第2章　ロープ高所作業における危険の防止のための規定（平成28年1月1日施行）

第1　ライフラインの設置（安衛則第539条の2）

　ロープ高所作業を行うときは、身体保持器具を取り付けた「メインロープ」以外に、要求性能墜落制止用器具を取り付けるための「ライフライン」を設けること。

　なお、ライフラインとして安全ブロックを用いることもできる。

用語	ロープ高所作業	高さが2m以上の箇所であって作業床を設けることが困難なところにおいて、昇降器具を用いて、労働者が当該昇降器具により身体を保持しつつ行う作業（40度未満の斜面における作業を除く）。

用語	ロープアクセス	欧米においては、高所でロープ及び昇降器具など装備・機材を用いて、上下左右に任意の場所に安全、かつ容易に移動する技術のことを総称している。

Q53　身体保持器具とは？

回答

身体保持器具とはメインロープ（ワークライン）に取り付けられた作業員の身体を保持するための器具をいう。

　通称ブランコ（ワークシート）一式や傾斜面用ハーネスのバックサイドベルト（Q71参照）が挙げられる。

ブランコ

Q 54　昇降器具とは？

| 回　答 |

昇降器具とは、作業員自らの手動操作により上昇し、又は降下するための器具であって、作業箇所の上方にある支持物にロープを緊結してつり下げ、当該ロープに身体保持器具を取り付けたものをいう。

　昇降器具には、下降器（ディッセンダー）と登高器（アッセンダー）がある。

Q 55　下降器とは？

| 回　答 |

下降器（ディッセンダー）は、金属部品とロープで摩擦を生じさせることで、下降速度を制御する。制動器ともいわれ懸垂下降や姿勢確保に使用する。

　ディッセンダーの基本形はエイト環（写真１）であるが、欧米においては、安全性が高い欧州規格（ＥＮ規格）を具備したアイディ（写真２：ペツル社製品名）などが使用されている。日本では、エイト環やシャックルがガラス外装クリーリング作業などで広く使用されているが、アイディやストップ（写真３：ペツル社製品名）なども使用されている。

　「ストップ」は、何も操作しないと下降時には90％のブレーキでゆっくりと下降するが操作によって完全に停止することもできる。

　これらの装備は、危険性が高いので、使用に際しては専門の教育を受ける必要がある。

写真１

写真２

写真３

Q56　シャックルの危険性は？

｜回　答｜

シャックル（写真）は、我が国ではブランコとの接続や下降器具と使用されている。下降器具としては握ったロープの強弱により下降速度を調節する。手を放すと一気に落下する危険があるので、Q55 で紹介したような下降器の使用を推奨する。

Q57　登高器（アッセンダー）とは？

｜回　答｜

登高器（アッセンダー）は、上端が固定されたロープの上方には移動するが下方には移動しない構造の器具で、危険高木の伐採やレスキューなどで使用されている。

　国内で使用されている懸垂登高（宙づり）可能な登高器は、欧州規格（ＥＮ規格）製がほとんどである。（写真は、ペツル社の B17ARA アッセンションＲ）

　この装備の使用に際しては専門の教育を受ける必要がある。

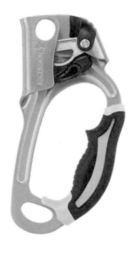

第2　メインロープ等の強度等（安衛則第539条の3）

1．メインロープ等は、十分な強度があり、著しい損傷、摩耗、変形や腐食がないもの
　を使用すること。

2．メインロープ・ライフライン・身体保持器具については、次の措置をとる必要がある。
　　なお、これらの措置については、複数人で確認すること。

　①　メインロープとライフラインは、作業箇所の上方のそれぞれ異なる堅固な支持物
　　に、外れないように確実に緊結すること。

　②　メインロープとライフラインは、ロープ高所作業に従事する労働者が安全に昇降
　　するため十分な長さを有すること。

　③　突起物などでメインロープやライフラインが切断するおそれのある箇所では、覆
　　いを設けるなど切断を防止するための措置を行うこと。

　④　身体保持器具は、接続器具を用いて確実に取り付けること。

　　　なお、接続器具は、使用するメインロープに適合したものを用いること。

Q 58　メインロープとは？

｜ 回　答 ｜

メインロープとは、作業者の身体を保持するためのロープで、ワーキングロープ（ライン）ともいう。ロープは作業者の体重を保持しているのでピーンと緊張している状態である。

Q 59　ライフラインとは？

｜ 回　答 ｜

ライフラインとは、メインロープが支点から外れた場合やストップが効かずロープが流れた場合のためのバックアップで、セーフティーロープ（ライン）ともいわれ、命の綱である。

　ストップが効かずロープが流れた場合とは、エイト環、シャックル、ロリップ、安全

ブロックの下降器等で作業員が停止した状態から、制御できずロープが滑って落下することをいう。

Q 60 「メインロープ」以外に「ライフライン」を設ける必要があるのか。

｜ 回　答 ｜

ロープ高所作業では、原則的に「メインロープ」以外に「ライフライン」を設ける必要がある。

1．ロッククライミング（岩登り）やケービング（洞窟探検）では1本のロープが基本であるが、産業用はより安全を重視しているので、欧米では「TWO ROPE」が原則である。

2．我が国でも、作業用のメインロープが外れた場合に備えて、バックアップとして墜落制止用器具に接続するライフライン（つまり命の綱）を設けることを原則的に義務とする規則改正がなされた。

3．ロープ高所作業では2本のロープ使用が原則である。
　　ロープアクセスに関する基本原則を規定したISO22846-1、22846-2では、
　①独立したアンカーに接続した2本のロープに接続すること
　②必ず作業用ロープ（メインロープ＝ワークライン）と安全ロープ（ライフライン＝セーフティーライン）の2本のロープを使用すること
　の「TWO ROPE」の原則が規定されている。

ロープ高所作業のイメージ図

Q 61 メインロープとライフラインを異なる支持物に緊結する理由は？

｜ 回　答 ｜

メインロープの支持物が損傷して起こる災害が多いことから、ライフラインが確実に確保されることを目的としたものである。

規則でメインロープとライフラインは同一の支持物に緊結してはならないと規定している。

メインロープとライフラインは、作業箇所の上方のそれぞれ異なる堅固な支持物に、外れないように確実に緊結すること。

つまり、いくら堅固であってもリスクを考え同一の支持物には緊結しない。

（欧米では一定の強度があれば同一の支持物に緊結可のようである）。

Q 62　メインロープとライフラインの端末が地上（床）に届いている必要性は？

| 回 答 |

規則でメインロープとライフラインは、ロープ高所作業に従事する労働者が安全に昇降するため十分な長さを有することと規定している。

1．メインロープとライフラインが短い場合は、ロープの末端で労働者が宙づりとなる可能性がある。

2．作業員が宙づりとなった場合に、レスキューがライフラインのロープの端末から登高器（アッセンダー）を装着し救出に利用するためにも、地面や床に届いている必要がある。

第3　調査及び記録（安衛則第539条の4）

　ロープ高所作業を行うときは、墜落又は物体の落下による労働者の危険を防止するため、あらかじめ作業を行う場所について、次の項目を調査し、その結果を記録すること。
　①作業箇所とその下方の状況
　②メインロープとライフラインを緊結するためのそれぞれの支持物の位置、状態、それらの周囲の状況
　③作業箇所と②の支持物に通じる通路の状況
　④切断のおそれのある箇所の有無とその位置や状態

Q 63　「調査及び記録」とリスクアセスメントとの関係は？

｜回　答｜

「あらかじめ作業を行う場所について、次の項目を調査し、その結果を記録すること。」とは、リスクアセスメントの危険源のリストアップと同じ作業である。

1．この調査記録による作業箇所の事前調査を行い、安衛則第539条の4に規定された各項目について危険源としてリストアップし、個々の危険源ごとにリスク評価を実施する必要がある。

2．リスク評価の結果に基づき是正改善を行い、その結果を記録しておく。
　　特に、ロープが切断し宙づりとなった場合に生還できるかについて、リスク評価が必要である。
　　このリスク評価で生還できない場合は、生還できる作業に変更するか、作業してはならないことになる。

　第3の調査を踏まえ、ロープ高所作業を行うときは、あらかじめ、次の項目が示された作業計画をつくり、関係労働者に周知し、作業計画に従って作業を行うこと。

①作業の方法と順序

②作業に従事する労働者の人数

③メインロープとライフラインを緊結するためのそれぞれの支持物の位置

④使用するメインロープ等の種類と強度

⑤使用するメインロープとライフラインの長さ

⑥切断のおそれのある箇所と切断防止措置

⑦メインロープとライフラインを支持物に緊結する作業に従事する労働者の墜落による危険を防止する措置

⑧物体の落下による労働者の危険を防止するための措置

⑨労働災害が発生した場合の応急の措置

Q 64　労働災害が発生した場合の応急体制は？

回　答

労働災害が発生した場合の応急の措置としては、関係者への連絡、被災者に対する救護措置等がある。

1．ロープ高所作業における特殊な災害としては、制御できない宙づりがあり、この対応は次のとおりである。

①被災者自身の自力脱出及び延命措置

②現場作業チームによる救助（オンサイトレスキュー）

　a　①の支援

　b　レスキュー（仲間が仲間を助けること）

③消防レスキューによる救助要請

　　現場での仲間内で救出できないときは、消防レスキューによる救助要請が必要である。

2．消防レスキューの現場到着には、事故発生から30分以上、救出にさらに30分以上を要することから、宙づりの場合は低酸素脳症などで死亡する例が多い。

3．消防レスキューは、基本的には梯子車による救出であり、工作車の乗入れが困難な

状況では、救出するまでにかなりの時間を要する。

　さらに、Q68 のロープアクセスによって救出するには、高度のロープアクセス技術を持つ隊員が複数いないと不可能である。

4．よって被災者自身の自力脱出及び延命措置と現場作業チームのレスキューや支援が不可欠となる。

Q 65　救助作業計画では何をすべきか？

│ 回　答 │

1．高所作業の計画段階、施工検討会、作業開始前の危険予知の際に、リスクアセスメントを実施し危険源をリストアップして災害を想定し、当該作業において墜落した場合の救出方法について検討しておく。

　① 山奥の風力発電建設工事のように、消防署のレスキューが到着するまでに長時間を要する場合の現場の対応を検討しておく。

　② 救出のための高所作業車が使用可能か、足場を 10 分以内で組めるか等検討しておく。

　③ 消防署への連絡体制、救出方法等について手順書を作成し訓練すること。

　　現場においては、協力会社が消防署に救援を要請するときに元請の許可が必要な場合が多いが、元請とすぐ連絡が取れない場合は、一刻も猶予を許されないので、協力会社の独自の判断で要請できるシステムとすること。

2．現場で安全に救出可能か、不可能かの判断を迅速に行う必要がある。このための教育と訓練が必要である。

　① 現場の力（作業チームによる仲間の救出：オンサイトレスキュー）で救出に時間を要すると予想される場合、あるいは短時間で救出しても内臓等の損傷が予想される場合は、直ちに消防署にレスキューを要請すること。

　② 1 人が素手でロープを掴み、引き上げられる重量は約 8 kg とされている。

　　現場で体感教育として実施し、確認しておく必要がある。

　　なお、宙づりとなった総重量 80kg の被災者を引き上げるのに、10 人が必要であったとの事例がある。

Q 66　ロープアクセス技術とレスキューの関係

┃ 回 答 ┃

欧米においては、ロープアクセス従事者にとって、レスキュー教育は必修とされており、ロープアクセス技術の最高レベルは、最強のレスキュー技術に到達することにあるとされる。

1. 我が国においては、ロープ高所作業従事者は特別教育の受講が義務付けられているのみで、実技試験はない。
2. 欧米ではロープアクセス従事者に対し、技能レベルに従った実技試験合格という資格を要求している。

   Q73 に記載した「ＩＲＡＴＡ＝アイラタ」等では、ロープ作業の基礎的技術能力はレベル１、１対１のレスキュー技術能力はレベル２、大規模なチームレスキュー技術能力はレベル３とし、レベルに従った技能実技試験が行われている。

   オンサイトレスキュー（現場作業チームによる救助）が当然視されている。

Q 67　元請に連絡せず直接救助要請をしてもよいか？

┃ 回 答 ┃

状況によっては、現場の判断で即レスキューを要請することも必要である。

1. 宙づりとなり自力脱出やオンサイトレスキューが困難と判断された場合は、現場にいる作業チームから直接消防レスキューに救助要請の連絡行うことができる体制を定めておくこと。
2. 重層下請負系列において、末端の作業員が宙づり等になった場合は、元請の現認確認及び許可がないとレスキュー要請ができないのが現状である。

   20 〜 30 分以内の救出が生と死の分岐点なので、消防レスキューに通報する時間を短縮するために、元請に連絡せず作業チームから直接救助要請ができる体制が必要である。

   このような場合を想定し作業計画を規定しておくこと。

Q 68 　現場作業チームの救出方法は

| 回　答 |

1．ビルクリーニング作業中にメインロープの支持物からロープが外れ、作業員がライフラインに宙づりとなった場合の現場作業チームの救出は、上下方向から行うことができる。

　①地上に届いている要救助者のライフライン（バックアップロープ）に個人装備の登高器（アッセンダー）を装着し、下からロープアクセスする方法

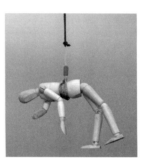

　②上からロープアクセスする場合は、被災者のライフラインを使用するか新たにライフラインを設置し、下降器（ディッセンダー）で下降する方法

2．現場作業チームの中にレスキューの知識と経験があり、かつ装備が十分であることを確認する。

　レスキューの知識と経験が乏しい者は、二次災害発生の可能性が高いので、ロープアクセスによる救出は絶対に行ってはならない。

3．救助活動を開始する前に、要救助者に意識がある場合は、ダイニーマスリングによる延命措置を支援する。

4．支持物は耐えられるか、ロープに損傷はないかなど、作業箇所の状況や安全確認を行う。

第5　作業指揮者（安衛則第539条の6）

　ロープ高所作業を行うときは、作業計画に基づく作業の指揮、「第2メインロープ等の強度等」の2①～④の措置が行われていることの点検、作業中の墜落制止用器具と保護帽の使用状況の監視を行う、作業指揮者を定めること。

Q 69　単独作業でも作業指揮者の選任は必要か？

| 回　答 |

規則上単独作業では作業指揮者の選任を要しない。

1．規則上単独作業を禁止していないが、宙づり状態になる危険性がある作業の場合は、迅速な救助のためにも2人以上で行うことが望ましい。

　　2人以上の場合は、作業指揮者の選任義務がある。

2．装備の点検、着用の確認については、2人以上でのチェックが重要である。

　　ロリップで約70度の傾斜面を降りようとしたところ、誤って上下さかさまにグリップをロープに装着したため、一気に墜落して死亡した例がある。

第6　墜落制止用器具・保護帽（安衛則第539条の7・安衛則第539条の8）

○　ロープ高所作業を行うときは、作業に従事する労働者に要求性能墜落制止用器具を使用させること。

　　また、物体の落下による危険を避けるため、関係労働者に保護帽を着用させること。

○　使用する墜落制止用器具はライフラインに取り付ける必要がある。なお、墜落制止用器具のグリップは、使用するライフラインに適合したものを用いること。

○　墜落制止用器具、保護帽の使用を命じられた労働者は、これらを使用すること。

　　なお、墜落制止用器具の取り付けについては、複数人で確認するようにすること。

Q 70　ロープ高所作業に関する行政資料で、図（上）のような器具が垂直面ハーネスとして掲載されているが、新規格の墜落制止用器具に該当するのか？

｜ 回　答 ｜

図のような垂直面用ハーネスは、シットハーネスとみられ、フルハーネス型ではない。旧規格ではシットハーネスを行政解釈的に胴ベルト型の一種として認めていたが、新規格でも除外する行政解釈等が見当たらない。

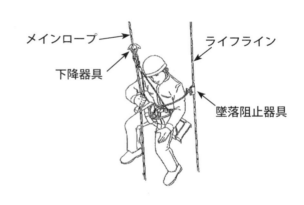

メインロープ
下降器具
ライフライン
墜落阻止器具

1．新規格でシットハーネスを胴ベルト型と認めたとしても、6.75m以下でしか使用できないことになる。

2．仮に新規格でシットハーネスを胴ベルト型と認めていない場合は、墜落制止用器具としては使用できない。

　　しかし、欧米では、ロープアクセスでシットハーネスの使用を認めているが、その場合でも50cm（米国は60cm）以上落下する可能性がある場合はフルハーネス型を義務付けている。

3．我が国では両腰にD環がある垂直面用フルハーネス型と傾斜面用フルハーネス型の開発・普及が遅れていた。

フルハーネス型によるロープ高所作業

最近は市販されているので、現場においては両腰にＤ環があるフルハーネス型が主流になりつつある。

　１本つり用のフルハーネス型とシットハーネスとの併用でもよい。

Q 71 　40度以上の傾斜面での作業ではライフラインを墜落制止用器具（フルハーネス型）に取り付けることが義務化されたが、どのようなものが使用できるか？

回　答

市販されている傾斜面用フルハーネス型（写真）を使用するか、図のように傾斜面用作業ベルトをフルハーネス型と重ね着用しバックサイドベルトとして使用することもできる。

1. 現場では、傾斜面用作業用ベルトを新規格のフルハーネス型と重ね着用しバックサイドベルトとして使用している例が多い。
2. 我が国ではこれまで傾斜面用フルハーネス型の開発・普及が遅れていたが、最近は市販され始めた。
3. 胸部にライフライン接続用Ｄ環があるフルハーネス型を選定すること（Q33参照）。胸部Ｄ環がないため背のＤ環にライフラインを接続したところ、ラインが顔に触れるため、腰の作業用ベルトに接続していた悪い例があった。

傾斜面用フルハーネス
（商品例：藤井電工）

傾斜面用作業用ベルトとフルハーネス型の重ね着用

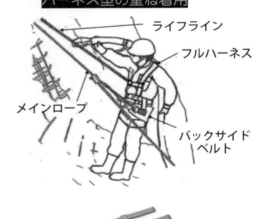

ライフライン
フルハーネス
メインロープ
バックサイドベルト

【谷沢製作所／法面作業用 安全帯】品番：ST#527-R

【藤井電工／ツヨロン】傾斜面 安全帯　A-1

第7　作業開始前点検（安衛則第539条の9）

○　ロープ高所作業を行うときは、その日の作業を開始する前に、メインロープ等、要求性能墜落制止用器具及び保護帽の状態について点検し、異常がある場合は、直ちに、補修し、又は取り替えること。

Q 72　ロープ点検は？

| 回　答 |

指定されたロープの種類と径を確認する。
損傷の有無については使用前に必ず点検する。

1．ロープ高所作業において使用するロープは、撚り構造の三つ打ちロープや、編み（カーンマントル）構造のスタテックロープがあり、用途に応じて使用されている。
　　普通ロープアクセスで使用するロープは、スタテックロープである。
　　消防レスキューにおいては、三つ打ちロープを使用している例が多いが、近年スタテックロープを使用するようになった。

2．下降器（ディッセンダー）や登高器（アッセンダー）に指定された、ロープの種類と径に合致しているか確認を要する。
　　ロリップに使用するロープは、指定どおりか確認する。

第8　その他

○　今回新たに施行された規定以外にも、ロープ高所作業を行うときは以下の安衛則第522条（悪天候時の作業の禁止）・第523条（照度の保持）・第537条（物体の落下による危険の防止）・第530条（立入禁止）の規定が適用される。

第9　特別教育（安衛則第36条・第39条・安全衛生特別教育規程第23条）

特別教育を必要とする業務の追加（平成28年7月1日施行）

○　労働者をロープ高所作業に関する業務に就かせるときは、安全のための特別の教育を行うこと。

教育科目（略）

Q 73　ロープ高所作業従事者の法的資格要件は？

｜回　答｜

ロープ高所作業従事者は、ロープ高所作業特別教育の受講が必要である。

1．ロープを使用して下降や昇降を行うことは、垂直懸垂（宙づり状態）の場合に極めて危険性が高いことから高度の技術を要し、一定の技能向上の講習の受講を要する。

2．我が国で作業従事者は、法的に特別教育を受講する必要はあるが試験制度はない。つまり、実践的なロープアクセスの技術向上教育と資格制度はない。

　　我が国では、一般にロープアクセスに関する研修は、山岳クライミング技術やケービング（洞窟探検）技術に関連して、登山教室で行っている場合もある。

　　産業用ロープアクセスに関する研修は、

- ガラス外装クリーニング協会
- 日本産業用ロープアクセス協会（兵庫県加古川市）
- ロープアクセス技術協会（京都）

などにおいて、ISOの教育システムに準拠して技能講習を行い、一定の資格を付与している。

3．海外では、産業用のロープアクセスに関する研修と資格付与機関として、任意団体であるが世界規模の団体「ＩＲＡＴＡ＝アイラタ」（Industrial Rope Access Trade Association＝産業ロープアクセス業者協会）が挙げられる。

4．今後我が国においても、足場の設置や道路使用許可が不要なことなどから、橋梁下部構点検などの作業についてはロープアクセス工法が普及・拡大する可能性が高い。

　　ロープアクセスは、個人の実技の技術力に負うところが多く、安全面からは個人の技術力の標準化を行う必要があり、技能講習と資格付与のシステム化が望まれる。

Q 74　ロープアクセス技術に関する ISO 規格（国際標準化機構）は？

回答

ISO22846-1、22846-2 において、ロープアクセスの基本原則が示されている。

1．最も重要なこととして、作業員の姿勢を保持している作業用ロープが切れるかその装置が破損した場合、バックアップとしての安全ロープによって作業員を墜落から守ることである。

　　作業用ロープにバックアップとして安全ロープを追加することとし、「TWO ROPE」「TWO POINT」を規定している。

　①「TWO ROPE」

　　　独立したアンカーに接続した2本のロープに接続すること。

　　　必ず作業用ロープ（メインロープ＝ワークライン）と安全ロープ（ライフライン＝セーフティーライン）の2本のロープを使用すること。

　②「TWO POINT」

　　　必ず2箇所以上と接続した状態で作業及び移動すること。

2．この「TWO ROPE」の基本原則は、我が国においてもビルクリーニング作業やのり面保護工事の作業について、平成28年1月から施行の安衛則第539条の2「ロープ高所作業」に規定された。

Q 75　ロープ高所作業特別教育を受ければ、技術的にロープ高所作業は十分か？

回答

ロープ高所作業特別教育は、7時間の教育でしかも実技は3時間だけであり、法令順守には十分だがロープ高所作業に従事するには技術不足である。

1．宙づりとなるような高所作業の場合、次のような項目について実技訓練が必要である。

　①ロープの選定

　②ロープの結び方

　③アンカーの設定

　④カラビナ、昇降器などロープアクセス機材の操作方法

　⑤レスキュー

2．ロープ高所作業について、客観的に技術力を評価される資格を求めるならば、ISO22846 に準拠したロープアクセス（ロープ高所作業）のトレーニングを受ける必要がある。

　公共工事の発注者やゼネコンにおいては、この国際的に認知された資格によってのみ評価している場合がある。

ロープ高所作業のうち、ビルクリーニングの業務に係る作業やのり面保護工事に係る作業以外の作業（橋梁、ダム、風力発電などの調査、点検、検査等を行う作業など）については、**1**及び**2**の措置を講じた場合に限り、当分の間、第1の「ライフラインの設置」の規定は適用しない。

1 メインロープを異なる2つ以上の強固な支持物に緊結すること。

2 メインロープが切断するおそれのある箇所との接触を避けるための措置を講じること（ディビエーション）。

それが困難な場合は**1**の他に当該箇所の下方にある堅固な支持物にメインロープを再緊結すること（リビレイ）。

Q 76 ロープ高所作業はすべてメインロープとライフラインが必要か？

| 回　答 |

経過措置で一定の安全措置を行えば、橋梁、ダム、風力発電などの調査、点検、検査等を行う作業については、2本のロープが義務付けられていない。

1. 「ビルクリーニングの業務に係る作業」と「のり面保護工事に係る作業」については、経過措置は適用されないので、この2つの作業ではメインロープとライフラインの2本のロープが必要である。
2. 一定の安全措置は次のとおりである。
   ①メインロープを異なる2つ以上の強固な支持物に緊結すること
   ②ディビエーション措置（それが困難な場合は①の他にリビレイ措置）

Q 77 ディビエーションとは

| 回　答 |

ディビエーションとは、擦過箇所のロープの損傷を防止するため、擦過箇所とロープが接触しないようにロープを上部に持ち上げて浮かせる方法をいう（図）。

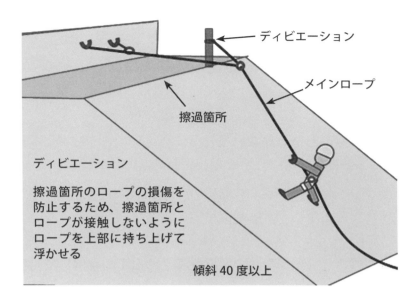

ディビエーション

メインロープ

擦過箇所

ディビエーション

擦過箇所のロープの損傷を
防止するため、擦過箇所と
ロープが接触しないように
ロープを上部に持ち上げて
浮かせる

傾斜40度以上

Q 78　リビレイとは

回　答

リビレイとは、擦過箇所のロープの損傷を防止するため、擦過箇所の下部に別の支点を移し変え、荷重を分散する方法をいう（図）。

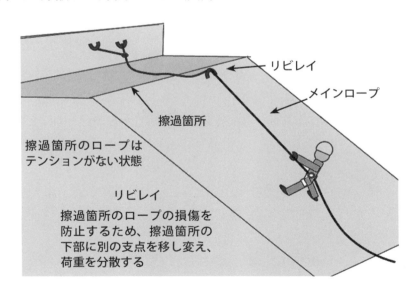

リビレイ

メインロープ

擦過箇所

擦過箇所のロープは
テンションがない状態

リビレイ

擦過箇所のロープの損傷を
防止するため、擦過箇所の
下部に別の支点を移し変え、
荷重を分散する

ロープが接触による切断のおそれがない場合でも、ディビエーションとリ
ビレイ措置は必要か？

| 回　答 |

ロープが接触による切断のおそれがない場合は、ディビエーションとリビレイ措置は不
要である。ただし、「おそれがない」と安易な判断をしてはいけない。

1．リスクアセスメントを実施して、切断をもたらす危険要因を検討し、リスク評価し、
切断する可能性がきわめて低く許容範囲である場合は「切断のおそれがない場合」と
判断される。

2．経過措置の要件❶の「メインロープを異なる2つ以上の強固な支持物に緊結するこ
と」は絶対要件である。

3．要件❷は、ロープの「切断のおそれのある箇所の有無とその位置や状態」を実地調
査し、擦過箇所がなくロープが接触による切断のおそれがない場合はディビエーショ
ンとリビレイ措置は不要である。

4．リスクアセスメントの実施と実地調査の記録は必要である。

ロープアクセス（無足場）工法に対する発注者の立場は？

| 回　答 |

1．ロープ高所作業に関する規則条文が追加され、欧米では一般的である「ツーロープ」
の原則が例外規定はあるものの我が国においても初めて導入された。

厚生労働省においては、「補修工事等における屋根・建物からの墜落防止工法及び
関連器具について」（屋根・建物等からの墜落防止のための検討委員会報告）を（依頼）
発表している。

傾斜角約30度以内の屋根作業に限定しており、短時間で終了し、足場を設置する
よりも安全面において合理的である場合という条件を課している（拙著「フルハーネ
ス型安全帯」労働新聞社刊98ページ）。

2．ロープアクセス（無足場）工法は足場仮設が不要なことにより、仮設に要する道路
使用許可不要、事前の足場計画届不要、工事期間短縮というメリットから従来工法と
比較して安価に施工できる。このことから橋梁下部構の点検工事の発注者においても、
近年ロープアクセス工法を高く評価しており、同工法の採用拡大が予想される。

3．しかし、作業従事者の資格として、ロープアクセス技術を習得した者という条件が付けられる。

　　さらに、レスキュー計画ができない工事は安易に発注してはならないことはいうまでもない。

Q 81 木登り器（作業員の靴底に取り付けられた爪状の道具）と命綱（胴綱）のみで高木に昇降して行う伐採作業はロープ高所作業に該当するか？

回　答

木登り器（作業員の靴底に取り付けられた爪状の道具）と命綱（胴綱）のみで高木に昇降して行う伐採作業は、ロープ高所作業には該当しないと考えられる。

1．「ロープ高所作業」とは「高さが2m以上の箇所であって作業床を設けることが困難なところにおいて、昇降器具を用いて、労働者が当該昇降器具により身体を保持しつつ行う作業」であり、「昇降器具」とは、「労働者自らの操作により上昇し、又は降下するための器具であって、作業箇所の上方にある支持物にロープを緊結してつり下げ、当該ロープに身体保持器具を取り付けたもの」（解釈例規）である。

2．木登り器による昇降は、作業箇所の上方にある支持物にロープを緊結してつり下げてはいないので、木登り器と命綱のみで高木に昇降して行う伐採作業は、ロープ高所作業には該当しないものと考える。

3．しかし、高木の伐採作業において、昇降器を用いて労働者自らの操作により上昇し、又は降下して行う場合は、ロープ高所作業に該当すると考えられる。

　　したがって、この場合はメインロープとライフラインの2本のロープが必要となるが、経過措置によりメインロープを異なる2つ以上の強固な支持物に緊結することにより、ライフラインは不要となる。

Q 82 街路樹の剪定作業や枯れた木の伐採作業では、墜落制止用器具を使用するのが極めて困難である場合が多い。高さが2m以上の高所作業となった場合は、どうしても墜落制止用器具を使用しなければならないのか？

| 回　答 |

作業床（作業台や高所作業車）が設置できれば第一位的に設置使用する。
作業床を設けることが困難なところでは墜落制止用器具を使用する。
墜落制止用器具の使用が著しく困難な場合は、保護帽を着用させる。

1．ガイドラインでは、「伐採など、墜落制止用器具のフック等を掛ける場所がない場合など、墜落制止用器具を使用することが著しく困難な場合には、保護帽の着用等の代替措置を行う必要があること。」と規定している。

2．しかし、この問題は規則第518条1項の原点にもどって検討する必要がある。
　つまり、高さが2m以上の高所作業において、作業床を設置することが困難であるかがまず問われる。ここで、作業床の設置とは足場の設置に限らず、高所作業車の使用も含まれると考えられる。
　「作業床を設置することが困難」かは、作業の種類、場所、時間等から総合判断されるが、単なる費用の増加によるものはハードルが高い（Q83参照）。
　次の段階で墜落制止用器具のフック等を掛ける場所がないかが検討される。

3．造園業における街路樹の剪定作業等において発生した墜落死亡災害に関して、規則第518条1項違反で送検された次のような事例がある。
　①街路樹の剪定作業を行っていたところ、枝が折れ10m下に墜落した事例（死亡）
　　安全帯（墜落制止用器具）が使用できない状態であったが、高所作業車の使用ができたのに使用しなかったもの。
　②3点脚立を使用し、剪定作業中に3m下に墜落した事例（図、死亡）
　　安全帯（墜落制止用器具）の使用ができない状態であったが、高所作業車の使用ができたのに使用しなかったもの。

4．ガイドラインは、「墜落制止用器具を使用することが著しく困難な場合」に限定して保護帽の着用等の代替措置を行うことを認めているが、前記の送検事例との整合性は明確ではない。
　墜落制止用器具を使用することが著しく困難な場合であったとしても、高所作業車

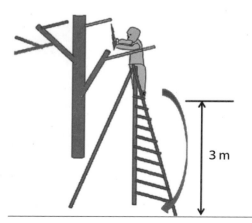

3 m

の使用が容易にできた場合は、規則第518条1項違反の可能性があると考えるべきである。

　したがって、安全対策の面からも高所作業車の使用を検討する必要がある。

　ガイドラインが示す保護帽着用でよい作業としては、高さ2m以上であるが高所作業車等や墜落制止用器具も使用できない、一般家庭の狭い庭にある細い樹木や傾斜面にある樹木の剪定作業等が想定される。

Q 83　「作業床を設けることが困難なところ」とは？

回　答

　「目的とする作業の種類、場所、時間等からみて、足場を設けることが現実的に著しく離反している場所等における作業箇所をいい、単なる費用の増加によるもの等はこれに当たらないこと。」という解釈例規がある（平27.8.5 基発0805第1号）。

◼ 著者紹介 ◼

菊一　功
（きくいち）（いさお）

労働省（現厚生労働省）に労働基準監督官として入省
北海道局滝川署および福島局会津署に赴任
小田原・横須賀・川崎南・横浜北各署にて労働基準監督署長を歴任（平成 16 年 3 月退官）
平成 16 年 4 月　みなとみらい労働法務事務所開設
社会保険労務士登録（特定社会保険労務士）
安全総合調査研究会代表

著書・共著等
○『偽装請負と事業主責任』（労働新聞社　2007 年 1 月）
○『偽装請負　労働安全衛生法と建設業法の接点』（労働新聞社　2007 年 8 月）
○『現場監督のための相談事例Ｑ＆Ａ』（大成出版社　2009 年 12 月）
○『リスクアセスメント再挑戦のすすめ』（労働新聞社　2012 年 6 月）
○『建設業の社会保険加入と一人親方をめぐるＱ＆Ａ』（大成出版社　2013 年 10 月）
○『フルハーネス型安全帯』（労働新聞社　2014 年 7 月）
○『安全帯で宙づり－救助までの延命措置－』（労働新聞社　2015 年 7 月）
○『高所作業の基礎知識－ハーネスやロープ高所作業の安全対策Ｑ＆Ａ－』
　　　　　　　　　（労働新聞社　2015 年 7 月／改訂第 2 版 2017 年 12 月）
○『フルハーネス時代の新しい現場管理』（労働新聞社　2019 年 7 月）
○ ビデオ『監督官はココを見る』監修（建設安全研究会　2006 年 12 月）
○ ビデオ『ある現場の偽装請負の代償』監修（建設安全研究会　2008 年 2 月 1 日）
○ ＤＶＤ『よりよい危険源のリストアップ法はこれだ』（建設安全研究会　2012 年 2 月）
○ ＤＶＤ『あなたの命をたくす安全帯　より安全なハーネス型に』監修
　　　　　　　　　　　　　　　　　　　　　　　（建設安全研究会　2017 年 2 月）
○『その時安全衛生日誌がかたる－日誌があなたを救う－』監修
　　　　　　　　　　　　　　　　　　　　　　　（建設安全研究会　2019 年 3 月）
○ ＤＶＤ『新版　また発覚　労災かくし　犯罪と知りつつ ナゼ』監修
　　　　　　　　　　　　　　　　　　　　　　　（建設安全研究会　2019 年 6 月）

私たちは、働くルールに関する情報を発信し、
経済社会の発展と豊かな職業生活の実現に貢献します。

労働新聞社の定期刊行物・書籍のご案内

安全・衛生・教育・保険の総合実務誌

定期刊行物

安全スタッフ

B5判・58ページ 月2回（毎月1・15日発行）
購読料：税込46,200円（1年）税込23,100円（半年）

- 産業安全をめぐる行政施策、研究活動、業界団体の動向などをニュースとしていち早く報道
- 毎号の特集では安全衛生管理活動に欠かせない実務知識や実践事例、災害防止のノウハウ、法律解説、各種指針・研究報告などを専門家、企業担当者の執筆・解説と編集部取材で掲載
- 「実務相談室」では読者から寄せられた質問（人事・労務全般、社会・労働保険等に関するお問い合わせ）に担当者が直接お答えします!
- 連載には労災判例、メンタルヘルス、統計資料、読者からの寄稿・活動レポートがあって好評

2019年07月08日発行

フルハーネス時代の新しい現場管理

書籍

【書籍】B5判／52ページ
価格　　550円（税込）
ISBN　978-4-89761-764-0
著者　　菊一　功

安全帯は墜落制止用器具と呼び改められ、原則フルハーネスとする改正労働安全衛生規則が施行されました。これに伴い、安全担当者は現場の状況に応じた準備をし、作業員に必要な指示を行わなければなりません。
本書は厚労省が示したガイドラインや使用上の問題についてQ&A形式で解説、安全日誌などへの記録化の重要性にも言及しています。
フルハーネスの有効性・危険性の理解と、墜落災害防止のための一冊です。

上記の他の出版物も多数 https://www.rodo.co.jp/

| 労働新聞社 | 検　索 |

購読者が無料で利用できる
労働新聞 安全スタッフ 電子版
を始めました!
PC、スマホ、タブレットで
いつでも閲覧・検索ができます

〒173-0022　東京都板橋区仲町29-9　TEL 03-3956-3151　FAX 03-3956-1611

高所作業の基礎知識　改訂第 3 版

－ハーネスやロープ高所作業の安全対策Ｑ＆Ａ－

2016 年　7 月 27 日　初版
2022 年　7 月 28 日　第 3 版

著　　　者　　みなとみらい労働法務事務所 所長　菊一 功

発 行 所　　株式会社労働新聞社
　　　　　　　〒 173-0022　東京都板橋区仲町 29-9
　　　　　　　TEL：03-5926-6888（出版）　03-3956-3151（代表）
　　　　　　　FAX：03-5926-3180（出版）　03-3956-1611（代表）
　　　　　　　https://www.rodo.co.jp　　　　　pub@rodo.co.jp

表　　　紙　　オムロプリント株式会社
印　　　刷　　株式会社ビーワイエス

ISBN 978-4-89761-901-9